# INGLÉS EXPRÉS
# LA CORRESPONDENCIA PRIVADA EN INGLÉS

Jack Winshsley,
bajo la dirección de Robert Wilson

# INGLÉS EXPRÉS { LA CORRESPONDENCIA PRIVADA EN INGLÉS

De Vecchi
**DV E**
ediciones

*Fotografía de cubierta de © Thinkstock*

© De Vecchi Ediciones, S. A. 2012
Avda. Diagonal, 519-521 - 08029 Barcelona
Depósito legal: B. 23.921-2012
ISBN: 978-84-315-5383-8

Editorial De Vecchi, S. A. de C. V.
Nogal, 16 Col. Sta. María Ribera
06400 Delegación Cuauhtémoc
México

# Índice

# Introducción

Si nos paramos a analizar la cantidad de tiempos muertos que hay en nuestra vida cotidiana, y nos imaginamos unas lecciones ideadas para que se puedan estudiar en 30 minutos, veremos que aprender o perfeccionar el inglés es perfectamente posible y está al alcance de todos.

Hoy en día resulta habitual tener alguna amistad o mantener cualquier tipo de relación social con una persona de habla inglesa. De la misma manera, en un mundo globalizado también es frecuente comunicarse, tanto mediante la correspondencia tradicional como el correo electrónico, con instituciones académicas y entidades internacionales con las que deberemos expresarnos en inglés.

En este libro hallará las claves para comunicarse en inglés por medio de cartas y correos electrónicos. Encontrará trucos y consejos que, además de ayudarle en los aspectos lingüísticos, le proporcionarán todo aquello que necesita saber para redactar correctamente una carta o un correo electrónico en inglés.

Hallará un estudio detallado con ejemplos para una más fácil comprensión y para consolidar mejor los conocimientos adquiridos. Este libro incluye además un anexo con ejemplos y modelos de cartas de carácter privado y correos electrónicos.

Si dispone de 30 minutos al día (de camino al trabajo, en la sobremesa…), no deje de aprovecharlos para ponerse al día con un idioma que le abrirá muchas puertas.

# LA CORRESPONDENCIA PRIVADA EN INGLÉS

# Contenido y estilo

La correspondencia privada y de relación social es la que por escrito mantienen entre sí familiares, amigos y parejas, pero también la que pueden establecer personas sin trato personal entre ellas. Estas cartas tratan sobre cuestiones de carácter privado más o menos íntimo, según sea el grado de afecto y confianza que tengan el remitente y el destinatario.

En las cartas personales existe una gran variedad de circunstancias, de asuntos y motivos que pueden ser tratados. Por este motivo puede haber una notable variedad en el grado de formalidad y en el trato o el lenguaje empleado: es muy diferente escribir una carta para felicitar a un buen amigo que comunicar las condolencias a un cargo ejecutivo de nuestra empresa al que apenas conocemos. No hay que olvidar que escribir y hablar en inglés no se trata únicamente de emplear correctamente la gramática, también es importante conocer y elegir el lenguaje apropiado para cada ocasión.

Aunque es imposible hacer una clasificación exacta de los diferente tipos de cartas existentes en la correspondencia privada, sí que de manera general se pueden contemplar dos grandes grupos: las cartas de obligación y cortesía, que requieren un lenguaje en extremo correcto y un tono serio, exento de familiaridad, y las cartas de amistad, donde el lenguaje es menos ceremonioso y caben las muestras de afecto y simpatía.

A pesar de sus diferencias, hay unas características que definen el estilo epistolar y que siempre debemos considerar a la hora de redactar una carta.

# Características del estilo epistolar

## Claridad

La claridad es esencial para el estilo epistolar, ya que quien recibe una carta no debe dudar de su significado. Para que un escrito sea claro es necesario haber realizado previamente una ordenación y jerarquización de las ideas que se desean expresar. Un pensamiento confuso llevará siempre consigo un escrito igualmente confuso.

Se evitarán los conceptos ambiguos y que puedan llevar a malentendidos. Por ejemplo, conceptos como *generally* (generalmente) y *normally* (normalmente) son imprecisos. Igualmente, se prestará atención a los pronombres, como *it* (eso), y se asegurará que aquello a lo que hacen referencia aparece explícito en el texto y está fuera de duda. Siguiendo estos consejos e intentando expresar nuestras ideas de una manera estructurada conseguiremos cartas de un estilo claro. Un texto nítido y sencillo no crea dudas en el lector ni le hace perder el tiempo en la búsqueda del significado de nuestras palabras. Nuestro remitente nos lo agradecerá.

## Brevedad

En las cartas hay que buscar la concisión. Por este motivo, si una sola palabra dice lo mismo que dos, se escogerá la opción más corta. Igualmente, gracias a la brevedad en la exposición se evitarán los posibles malentendidos y se mejorará así la claridad de la escritura. En los siguientes ejemplos se presenta una expresión y, en la columna de la derecha, una alternativa simplificada.

| | |
|---|---|
| *at an early date* | soon |
| en una fecha próxima | pronto |

| | |
|---|---|
| *at this time; at the present time* | *now; at present* |
| en este momento; en el presente momento | ahora; actualmente |
| *in regard to* | *about* |
| con respecto a | sobre |
| *in the near future* | *[fecha exacta]* |
| en un futuro próximo | |
| *at all times* | *always* |
| en todo momento | siempre |
| *in view of* | *because* |
| en vista de | porque |
| *by means of* | *by* |
| por medio de | por |

## Cortesía

No hay motivo para dejar de lado la educación y la cortesía en nuestra correspondencia, incluso cuando se trate de una carta dirigida a una persona próxima y de confianza. Hay que recordar que la correspondencia constituye una de las formas de trato con nuestros semejantes.

Se utilizará un vocabulario y registro acordes al grado de confianza con el destinatario y al asunto de la carta. Se empleará también, especialmente en la correspondencia de carácter formal, una serie de fórmulas que son consideradas fijas en la redacción de una carta; son básicamente fórmulas para dar comienzo o fin al escrito. Tampoco hay que olvidar que se debe utilizar un tratamiento adecuado al destinatario. Se abordarán estas fórmulas establecidas y los diferentes tratamientos en el siguiente capítulo.

## Corrección

La óptima corrección de la carta dependerá del mayor o menor dominio que se tenga del inglés, aunque, ciertamente, no existe ninguna razón por la cual una persona pueda justificar ciertos errores, que, muchas de las veces, se pueden evitar teniendo cuidado. Algunos aspectos que considerar son:

● Todas las negaciones e interrogaciones formadas con verbos independientes (no auxiliares) deben construirse mediante el auxiliar *do*.

> *We do not keep these books*
> Nosotros no guardamos estos libros
>
> *Do you include a photograph?*
> ¿Incluyes una fotografía?

● No debe usarse el pretérito perfecto de los verbos para denotar una acción realizada con anterioridad y completamente terminada.

> *We have sent the children yesterday* (incorrecto)
> *We sent the children yesterday* (correcto)
> Ayer enviamos a los niños

● Después de una preposición (a excepción de *to* en algunos casos) debe usarse siempre la forma verbal progresiva con terminación en **-ing**.

> *I have succeeded in obtaining a degree* (en lugar de: *to obtain a degree*)
> He tenido éxito en la obtención de una licenciatura

## Vocabulario: abreviaturas habituales en las cartas

*a.m.: (ante meridien) before noon* — antes del mediodía
*approx.: approximately* — aproximadamente
*asap: as soon as possible* — tan pronto como sea posible
*Ave., Av.: Avenue* — avenida
*B.A.: Bachelor of Arts* — licenciatura en Humanidades
*Blvd.: Boulevard* — bulevar
*bro: brother* — hermano
*B.S.: Bachelor of Science* — licenciatura en Ciencias
*cm: centimeters* — centímetros
*C.O.D.: cash on delivery* — contra reembolso
*cur.: currency* — moneda extranjera, divisa
*doz.: dozen, dozens* — docena, docenas
*dpt.: department* — departamento
*e.g.: for example* — por ejemplo
*Exc.: Excellency* — Su Excelencia
*ff.: following (pages)* — páginas siguientes
*GHQ: General Headquarters* — cuartel general
*Inc.: included* — incluido
*I.O.U.: I owe you* — a deber
*Mme.: Madame* — señora (Sra.)
*Mr.: Mister* — señor (Sr.)
*no.: number* — número
*OK: approved* — vale; dar el visto bueno
*orch.: orchestra* — orquesta
*Ph.D.: Doctor of Philosophy* — doctorado
*p.m.: (post meridiem) after noon* — después del mediodía
*Prof.: Professor* — profesor
*P.S.: postscript* — posdata
*yrs.: years* — años

# Partes de la carta

## Dirección y fecha

Es importante conocer la fecha en que una carta ha sido escrita, aunque sea de un pariente o de un amigo. La dirección y la fecha se colocan generalmente en la esquina superior derecha de la primera página, dando así al destinatario la información que le interesa acerca del remitente: el domicilio, la ciudad, el estado o provincia y la fecha, que se escribe con una coma entre el día y el año.

*14 Hataway Drive*
*Mount Royal, Colorado*
*October 3, 20...*

## Encabezamiento

Se coloca a continuación de la dirección y la fecha pero en el margen izquierdo. Generalmente se utiliza una coma al final de la fórmula de encabezamiento en vez de los dos puntos. Esta fórmula puede variar según la relación que exista entre el remitente y el destinatario. Si la carta está dirigida a una persona que apenas conocemos, se debe escribir el nombre completo de la persona y, si es el caso, la institución o empresa a la que pertenece o representa. También indicaremos la dirección del destinatario o la de la institución o empresa. Esto no es necesario cuando la relación entre remitente y destinatario es cordial.

Mr. James Cameron
Nassau County National Bank
41 front Street
Rockville Centre, New York


Dear Mr. Cameron,
Querido Sr. Cameron:


Los tratamientos más usados son:

| | |
|---|---|
| Dear Sir, | Querido señor: |
| Sir, | Señor: |
| My dear Sir, | Mi querido señor: |
| Dear Mr.…, | Querido señor…: |

Cuando la destinataria de la carta es una mujer soltera, se le dará el tratamiento de *Miss* (señorita); si, en cambio, está casada, se utilizará el tratamiento *Mrs.* (señora). Cabe apuntar que, en los Estados Unidos, el tratamiento de *Mrs.* para todas la mujeres es muy habitual.

Para los familiares más íntimos y amistades se utilizará *Dear…* (Querido…).


## Tratamientos especiales

Cuando los destinatarios de las cartas sean altas personalidades del mundo político, religioso o militar, se emplearán unos tratamientos concretos.

En los siguientes ejemplos aparecen diferentes encabezamientos, con la institución correspondiente, el cargo representado y el tratamiento que se debe utilizar.

- Presidente de los Estados Unidos:

*The President*
*The White House*
*Washington, D.C. 20500*

| | |
|---|---|
| *Mr. President,* | Sr. Presidente: |
| *The President,* | Presidente: |
| *My Dear Mr. President,* | Mi querido Sr. Presidente: |

- Senador de un estado de los Estados Unidos:

*The Honorable…*
*The State Senate*
Capital del estado, estado

| | |
|---|---|
| *Sir,* | Señor: |
| *Dear Sir,* | Querido señor: |
| *My dear Senator,* | Mi querido Senador: |
| *Dear Senator…,* | Querido Senador…: |

- Alcalde de una ciudad:

*The Honorable…*
*Mayor of…*
Ciudad, estado

| | |
|---|---|
| *Sir,* | Señor: |
| *Dear Sir,* | Querido señor: |
| *My Dear Mr. Mayor,* | Mi querido Sr. Alcalde: |
| *Dear Mr. Mayor,* | Querido Sr. Alcalde: |
| *Dear Mayor…,* | Querido Alcalde…: |

- Sacerdotes:

> *Reverend…* (nombre completo seguido de las iniciales de la orden)
> Dirección
>
> *Reverend Father,*          Padre reverendo:
> *Dear Father…,*             Querido Padre…:

- Rector de una facultad o universidad:

> *Dr.…*
> *President…* (nombre de la facultad o de la universidad)
> Dirección
>
> *Dear Sir,*                 Querido señor:
> *My dear President…,*       Mi querido Presidente…:
> *Dear Dr.…,*                Querido Dr.…:

- Profesor:

> *Professor…*
> *Department of…*
> Dirección
>
> *Dear Sir,*                 Querido señor:
> *My dear Professor…,*       Mi querido profesor…:
> *My dear Dr.…,*             Mi querido Dr.…:
> *Dear Professor…,*          Querido profesor…:

- Embajador:

> *His Excellency…*
> *Ambassador of…*
> Dirección

| | |
|---|---|
| *Your Excellency,* | Su Excelencia: |
| *Sir,* | Señor: |
| *My dear Mr. Ambassador,* | Mi querido Sr. Embajador: |

## Introducción

No es obligatorio hacer una introducción antes de abordar el tema central de la carta, pero sí es conveniente para evitar ser demasiado rígido y conseguir un tono más agradable e íntimo.

En las cartas dirigidas a familiares y amigos puede servir de introducción, en muchos casos, hablar del último encuentro o recordar alguna buena experiencia. Siempre es mejor dedicar unas líneas interesándonos por los asuntos del destinatario y, seguidamente, abordar el tema central.

## Cuerpo o tema central

El cuerpo de la carta constituye la comunicación propiamente dicha y, por lo tanto, es la parte más importante del conjunto. En el cuerpo debe quedar claro el motivo que ha dado origen a la carta. Las materias que se desean tratar deben ordenarse en cuanto a su significación, dedicando un párrafo a cada una.

*I am writing in reference to…*
Escribo en referencia a…

*I am pleased to…*
Estoy encantado de…

*I am contacting you for the following reason…*
Me pongo en contacto con usted por la siguiente razón…

*I recently read/heard about…*
Recientemente he leído/oído acerca de…

*I am writing to tell you about…*
Le escribo para contarle…

*I am writing to…*
Le escribo para…

# Despedida y firma

A la hora de finalizar la carta se deben utilizar frases de cierre y fórmulas de despedida. Estas fórmulas se escriben justo debajo de la última línea. Algunos ejemplos son los siguientes.

*Regards,*
Atentamente,

*Please give my best regards to your family*
Por favor, mándele recuerdos a su familia de mi parte

*Please pass on my best wishes to your wife and children*
Con mis mejores deseos para su mujer y sus hijos

*Sincerely,*
Sinceramente,

*Sincerely yours,*
Sinceramente suyo/a,

*Yours sincerely,*
Reciba un cordial saludo,

*Yours truly,*
Atentamente,

*Yours faithfully,*
Atentamente,

*Yours respectfully,*
Le envía un respetuoso saludo,

La firma es el nombre de quien escribe la carta inscrito inmediatamente después de la despedida. En las cartas dirigidas a familiares y amigos se pueden usar nombres de pila; en cambio, en la correspondencia de carácter formal, se utilizarán el nombre y el apellido. Se suele mecanografiar el nombre y el apellido debajo de la firma.

## Posdata

Para indicar esta parte de la carta se utiliza la abreviatura *P.S.*, que significa *Postscript* (posdata) y que siempre se coloca al final del escrito, después de la firma, en el margen izquierdo. Tiene por objeto hacer constar algo importante en la comunicación y que se había olvidado de mencionar en el texto de la carta, o aclarar algún aspecto que pueda haber quedado algo confuso.

### Vocabulario: correspondencia privada (I)

| | |
|---|---|
| *absence* | ausencia |
| *accordance (in accordance with)* | conformidad (de acuerdo con) |
| *acknowledge (to)* | reconocer (a) |

27

| | |
|---|---|
| advice | consejo |
| ages | siglos |
| although | aunque |
| apology | disculpa |
| appointment | cita |
| as from | a partir de |
| as mentioned | como se ha mencionado |
| available | disponible |
| awkward | torpe, incómodo |
| beloved | querido |
| birthday | cumpleaños |
| casual | informal |
| celebration | fiesta, celebración |
| chance | oportunidad |
| commitment | compromiso |
| complaints | queja |
| convenience | conveniente |
| disappointed | decepcionado |
| engagement | compromiso, noviazgo |
| example | ejemplo |
| exhibition | exposición |
| fault | culpa |
| feature | característica |
| find out | averiguar |
| friendship | amistad |

4353

# El sobre

## Remitente

El nombre y la dirección del remitente se escriben en el margen superior izquierdo del sobre. En el nombre del remitente no hace falta especificar el tratamiento.

Se puede hacer constar si el carácter de la carta es estrictamente personal. En tal caso, se anotará en el lado izquierdo del sobre, debajo de la dirección del remitente, lo siguiente:

*Alicia Gómez*
*1234 Market Street*
*Boston, Mass. 66254*
*Personal*

## Destinatario

El nombre y la dirección del destinatario se escriben justo debajo del remitente y en el centro. El nombre de la persona a quien nos dirigimos debe ir precedido por *Mr.*, *Miss*, *Mrs.* o *Dr.*, según el tratamiento que corresponda. Siempre se deben escribir las iniciales o el primer nombre, pero nunca el apellido solo. Asimismo, se puede indicar la persona a la que va dirigida la carta con la fórmula *Attention* (a la atención de) debajo de la dirección del destinatario; esto es muy recomendable cuando no se escribe directamente al domicilio del destinatario de la carta.

Miss Barbara Blomquist
500 Stanley Avenue
Miami, Florida 33106

American Express Foundation
150 East 42nd Street
New York, N.Y. 10017
Attention: Mr. John Long

## Instrucciones de envío y destino

Las instrucciones de cómo o mediante qué vía se debe enviar la carta se ponen debajo de los sellos.

Si se escribe la carta a una persona que vive en otro país, se debe consignar el nombre de ese país en el sobre, debajo del nombre de la ciudad. Esto también se tendrá en cuenta a la hora de escribir la propia dirección del remitente, así que se escribirá el país desde donde se envía la carta.

### Vocabulario: términos postales

| | |
|---|---|
| address | dirección |
| addressee | destinatario |
| air freight | de carga aérea |
| air mail | correo aéreo |
| air waybill | carta de porte aéreo |
| attention | a la atención de |
| care of | a la atención de |
| carriage free | sin portes |
| carriage paid | porte pagado |
| confidential | confidencial |

| | |
|---|---|
| envelope | sobre |
| express | exprés |
| hold for arrival | retener hasta la llegada |
| letter | carta |
| letter head | membrete |
| mail box | buzón |
| personal | personal |
| please forward | remítase al destinatario |
| postcard | postal |
| private | personal |
| registered mail | correo certificado |
| sender | remitente |
| special delivery | entrega especial |
| stamp | sello |
| to be called for | lista de correos |
| urgent | urgente |
| ZIP code | código postal |

53

# Tipología de correspondencia privada y relación social (I): invitaciones, felicitaciones, pésames y condolencias, y agradecimientos

## Invitaciones

Las invitaciones se escriben con el objeto de pedir a la persona a quien se dirigen que nos acompañe a un determinado acto. Estas invitaciones pueden ser tanto informales como formales: las primeras emplean un lenguaje coloquial, e incluso se puede utilizar la misma invitación para dar alguna otra noticia o hacer algún breve comentario; en cambio, las segundas sólo deben contener información relativa a la invitación y al evento, y se expresan en tercera persona. En las invitaciones formales deben evitarse las abreviaturas, a excepción de las correspondientes a los tratamientos, tales como *Mr.* o *Mrs.*, y *R.S.V.P.*, que significa *Please reply* (se ruega contestación) y que proviene del francés *Répondez s'il vous plait*.

*Request the pleasure of the company of…*
Solicita el placer de la compañía de…

*Accepts with pleasure…*
Acepta encantado…

*Kind invitation…*
Cordial invitación…

*Unable to accept...*
No puede aceptar...

*Request the honor of your presence...*
Solicita el honor de su presencia...

*Regret that...*
Lamenta que...

*We hope that you can come...*
Esperamos que puedas venir...

*Thank you for your invitation...*
Gracias por tu invitación...

*I am delighted to accept...*
Estoy encantado de aceptar...

# Felicitaciones

Existen múltiples motivos para felicitar a una persona, por lo que resulta muy difícil hacer alguna tipificación o guía de estilo. A pesar de esta característica, existen una serie de formulas y frases que pueden ayudar a la hora de redactar una felicitación.

*Receive my most sincere congratulations for...*
Reciba mis más sinceras felicitaciones por...

*Our sincerest congratulations...*
Nuestras sinceras felicitaciones...

*Warmest congratulations*
Mis más sinceras felicitaciones

*I offer you my sincere congratulations*
Le ofrezco mis sinceras felicitaciones

*I wish you all the luck in the world*
Te deseo toda la suerte del mundo

*Please accept my very personal wishes*
Por favor, acepte mis más sinceros deseos

*Heartiest congratulations*
Cordiales felicitaciones

# Pésames y condolencias

Las cartas de pésame son las que tienen por objeto manifestar al destinatario nuestro sentimiento por la muerte de un ser querido. Se trata de cartas muy delicadas de escribir, en las que se intentará ofrecer nuestro consuelo pero sin extendernos excesivamente.

*Accept our sincere condolences and extend them to your family*
Acepte nuestro sincero pésame y transmítaselo también a su familia

*Please, accept my sincere simpathy*
Por favor, acepte mi más sincero pésame

*We are deeply sorry*
Lo sentimos profundamente

*I would like to send you my condolences*
Quisiera transmitirle mis condolencias

*The sad news of yours… deaths concerned us deeply*
Las tristes noticias de la muerte de su… nos han afectado profundamente

*You have my deepest simpathy*
Le acompaño en el sentimiento

*My thoughts are with you and your family in this time of grief*
Mis pensamientos están con usted y su familia en este momento de dolor

# Agradecimientos

Las cartas de agradecimiento son las que demuestran más claramente la educación del remitente, ya que su cometido es expresar al destinatario gratitud por los beneficios, los favores o las muestras de atención recibidas.

*Thank you for...*
Gracias por...

*I should like to thank you most sincerely for...*
Me gustaría darle muy sinceramente las gracias por...

*I really do appreciate it*
De veras lo aprecio

*It was very considerate of you*
Fue muy considerado por tu parte

*I am pleased to...*
Estoy encantado de...

*I am writing to thank you...*
Escribo para agradecerle...

*It was very thoughtful of you to...*
Fue muy amable de su parte...

*This letter is just to express our gratitude for...*
Esta carta es sólo para expresar nuestra gratitud por...

## Vocabulario: correspondencia privada (II)

| | |
|---|---|
| *gathering* | reunión |
| *generous* | generoso |
| *goal* | meta |
| *great* | grande, fenomenal |
| *greetings* | saludo |
| *grieve* | sufrir |
| *harsh* | duro |
| *health* | salud |
| *helpful* | útil |
| *hereby* | por la presente |
| *however* | sin embargo |
| *ill-tempered* | malhumorado |
| *I'm afraid that* | temo que |
| *important* | importante |
| *in view of the fact that* | en vista de que |
| *inner* | interior |
| *invitation* | invitación |
| *irritating* | molesto |
| *issue* | tema, cuestión |
| *joke* | broma |
| *kindly* | amablemente |
| *let us know* | avísenos |
| *liar* | mentiroso |
| *looking after* | cuidar de |

| | |
|---|---|
| *looking forward to* | tener ganas de, deseando |
| *loyalty* | lealtad |
| *lucky* | afortunado |
| *manners* | modales |
| *memory* | memoria |
| *mistake* | error |
| *misuse* | mal uso |
| *money* | dinero |

# Tipología de correspondencia privada y relación social (II): petición de favores y encargos, quejas y disculpas, recomendaciones y presentaciones

## Petición de favores y encargos

Las cartas de peticiones de favores son difíciles de redactar ya que, por una parte, pueden intimidar a quien las escribe, y por otra, ser incómodas para el destinatario.

Con el fin de no molestar al destinatario, se utilizará un lenguaje llano pero, a la vez, convincente. La carta ha de evitar el servilismo y que el mensaje exprese humillación por parte de la persona que pide el favor. En el supuesto que se solicite un favor para una tercera persona, deberá hacerse también una descripción, lo más completa posible, del amigo o familiar para el que se solicita la ayuda.

*I would appreciate it very much if you…*
Le agradecería mucho si…

*I hope this won't be too much trouble for you*
Espero que esto no suponga ningún inconveniente para usted

*There is something I should like you to do for me*
Hay algo que me gustaría que hicieras por mí

*I'm sorry to trouble you about this*
Siento molestarte por este asunto

*I hope you don't mind asking you*
Espero que no te importe que te lo pida

*I hope this does not incovenience you*
Espero que esto no le moleste

*I wonder wether you could do something for me?*
Me pregunto si podrías hacer algo por mí

*I'm very interested in…*
Estoy muy interesado en…


## Quejas y disculpas

A pesar del auge de otras vías comunicativas, como el correo electrónico o el teléfono, para expresar quejas o disculpas, la correspondencia sigue siendo una manera certera y muy adecuada para comunicar nuestras demandas o sinceras disculpas. Las cartas disponen de una solemnidad que otros medios carecen. Por este motivo, son idóneas para abordar asuntos que requieren seriedad, como una protesta o una apología. Las cartas de quejas no son fáciles de redactar, ya que se ha de buscar el equilibrio entre expresar firmeza, y establecer espacios comunes para la mutua comprensión y el arreglo dialogado.

*I am writing to express my dissatisfaction with…*
Le escribo para expresar mi descontento con…

*I am writing to complain about...*
Le escribo para quejarme por...

*I do hope you can see my point of view*
Espero que puedas entender mi punto de vista

*I am sorry to have to complain about...*
Siento tener que quejarme por...

*I hope you won't misunderstand me*
Espero que no me malinterprete

*I must apologize for...*
Debo pedir disculpas por

*I would like to apologize for...*
Me gustaría disculparme por...

*I regret any inconvenience caused*
Lamento cualquier inconveniencia causada

*I'm sorry about...*
Siento que...

*I'm very sorry about...*
Siento muchísimo que...

*Please accept my apologies*
Por favor, acepte mis disculpas

*Please forgive me for...*
Por favor, perdóneme por...

# Recomendaciones

Las cartas de recomendación pueden resultar comprometidas si no se conoce mucho a la persona que se ha de recomendar y, por lo tanto, no se puede ofrecer total garantía respecto a su capacidad y actitud. En estos casos, hay que ser honestos, y limitarse a describir lo que se conoce de la persona y a pedir que se la tenga en cuenta.

*I'm writing you to recommend to you...*
Le escribo para recomendarle...

*I can recommend him to...*
Puedo recomendarle a...

*Thank you very much for what you could do for...*
Muchas gracias por lo que pueda hacer por...

# Presentaciones

Las cartas de presentación tienen mucho en común con las de recomendación, aunque son menos comprometidas ya que con frecuencia no se solicita nada en concreto. Puede presentarse a la persona como individual o en función de la entidad o labor que represente. También se escriben cartas de presentación para que sean utilizadas en un momento concreto o con una finalidad inmediata: un joven viajero que lleva consigo una carta de un amigo o familiar destinada a unas determinadas personas, con las que se contactará en caso de emergencia o apuro.

*I have much pleasure in introducing you...*
Tengo el placer de presentarle a...

*I'm very pleased to introduce you…*
Estoy encantado de presentarle…

*I'm pleased to introduce you the bearer of this letter*
Estoy encantado de presentarle al portador de esta carta

*I'd like to thank you for any help that you will be able to give…*
Me gustaría darle las gracias por cualquier ayuda que pueda prestar…

## Vocabulario: correspondencia privada (III)

| | |
|---|---|
| *party* | fiesta |
| *passing* | defunción |
| *prayer* | oración |
| *prior notice* | previo aviso |
| *quotation* | cita |
| *reception* | recepción, acto |
| *red letter day* | día señalado |
| *relieved* | aliviado |
| *reply* | respuesta |
| *requirement* | requisito |
| *reward* | recompensa |
| *sorrow* | pena, dolor |
| *thoughtful* | considerado |
| *to accept* | aceptar |
| *to achieve* | conseguir, alcanzar |
| *to appreciate* | apreciar, agradecer |
| *to attend* | asistir |
| *to be grateful* | estar agradecido |
| *to confirm* | confirmar |
| *to enjoy* | disfrutar |
| *to hope* | esperar |

| | |
|---|---|
| to interfere | dificultar, impedir |
| to miss | dejar pasar, fallar |
| to realize | darse cuenta |
| to receive | recibir |
| to reckon | considerar, pensar |
| to reject | rechazar |
| to send | enviar |
| to spend | gastar |
| travel | viaje |
| unfortunate | desafortunado |
| waiting for | a la espera de |
| wedding present | regalo de boda |
| within a week/month | dentro de un/a semana/mes |
| words | palabras |
| worry | preocupación |

30 53

# EL CORREO ELECTRÓNICO EN INGLÉS

# Aspectos generales del correo electrónico

El correo electrónico *(e-mail)* se ha convertido en los últimos años en una de las formas de comunicación escrita más utilizada y cobra cada día más importancia. Diariamente millones de *e-mails* son enviados, y entre estos, una notable proporción son de carácter privado.

El éxito del correo electrónico radica en sus múltiples ventajas: se puede transmitir un enorme volumen de información, su llegada al destinatario es casi inmediata, es gratuito, es muy cómodo y altamente fiable (los correos electrónicos raramente se extravían; en caso de que el receptor no reciba el mensaje, este es devuelto al remitente junto a un mensaje explicativo de la causa del fallo).

Otro de los puntos fuertes del correo electrónico es que un mensaje puede ser enviado a varios destinatarios a la vez. Para ello, hay que introducir, en el campo de entrada *Cc.* (CC.), las direcciones de los destinatarios separadas por coma. La abreviación procede de la expresión *carbon copies* (copias de carbón), que hace referencia a las copias de una carta escrita original que se obtienen gracias al papel carbón. Esta opción no será empleada cuando el asunto del correo electrónico sea estrictamente privado y personal, pero puede ser de gran utilidad para mensajes relacionados con invitaciones, presentaciones o quejas.

La rapidez y la sencillez del correo electrónico, así como su uso masivo, ha dado a esta forma escrita de comunicación una condición marcada por la temporalidad del comunicado. A veces, incluso son considerados mensajes efímeros y sin importancia, por este motivo, a menudo, en los mensajes electrónicos el lenguaje es descuidado y las ideas están poco estructuradas o aparecen incompletas. Debido a su inmediatez, no se presta atención a la gramática, la ortografía o el registro utilizado.

Este descuido puede darse en un correo de tono informal entre viejos amigos, pero no se debe dar en mensajes que, aunque de carácter privado, requieren cierta formalidad, especialmente cuando no se conoce personalmente al destinatario. Un texto mal escrito, con errores gramaticales y ortográficos, ideas inconexas y poco desarrolladas, dará una mala imagen de nosotros. Recuérdese que un escrito confuso, además, puede dar lugar a malentendidos e interpretaciones incorrectas del mensaje. Todo lo contrario a lo que queremos conseguir al escribir un correo electrónico.

# Elementos del correo electrónico

## Dirección

Sin conocer la dirección del destinatario no se puede enviar un correo electrónico. El formato puede variar, pero generalmente sigue un mismo esquema:

nombre del usuario + símbolo arroba @ + nombre del servidor + código del país (o .com)
javier@compmail.es

La dirección se introduce en el campo asignado para enviar mensajes de cada sistema. Este campo se reconoce porque normalmente es el espacio indicado por la expresión *To* («PARA»).

Este espacio es el equivalente al destinado en el dorso de las tarjetas postales para escribir la dirección. Buena parte de los sistemas almacenan las direcciones que ya se han utilizado previamente en la agenda, por lo que se puede acceder a ellas mediante esta función. Si es la primera vez que se usa esa dirección, habrá que escribirla completamente. Además, casi todos lo sistemas permiten acceder a las direcciones de la agenda desde el mismo espacio de la dirección. Escribiendo las primeras letras del nombre del destinatario aparecerán las diferentes direcciones guardadas que coincidan con dichas letras; esta opción facilita y acelera enormemente la búsqueda de una dirección cuando ya se tienen muchas guardadas en la agenda.

## Asunto del mensaje *(Subject)*

El tema que ha motivado el correo electrónico debe formularse mediante una palabra o frase corta. La finalidad es proporcionar una idea previa e indicadora del tema del correo. Esta descripción se hará en el campo *Subject* («ASUNTO»). Se trata de una función muy útil y práctica, pues diariamente se pueden llegar a recibir una gran cantidad de mensajes, y esta función permite, de manera rápida, visualizar el correo en la lista de mensajes recibidos. De esta manera, se pueden identificar los mensajes recibidos y por lo tanto establecer prioridades.

El volumen de mensajes que se recibe va aumentando progresivamente y este hecho ha añadido importancia al campo *Subject*. En caso de que no se conozca al destinatario, la mejor manera de asegurarnos de que lea nuestro mensaje es escribir un asunto conciso y descriptivo. Ha de resumir el contenido de nuestro correo en menos de sesenta caracteres, aproximadamente. Y aunque no es necesario que sea una oración completa, la descripción ha de tener significado por sí sola.

*Meeting*
Reunión

*Visit to…*
Visita a…

*Trip to…*
Viaje a…

*Booking No.…*
Reserva n.º…

*Urgent: flight delayed*
Urgente: vuelo con retraso

## Archivos adjuntos

Uno de los aspectos más destacables del correo electrónico es la posibilidad de enviar archivos adjuntos en el mensaje remitido. Normalmente esta función se denomina *Attached* («ADJUNTO»).

*Please find attached…*
Se adjunta…

*You'll find attached…*
Encontrará adjunto…

*This mail and the attached document…*
Este correo y el documento adjunto…

*Enclosed you will find…*
Adjunto al presente correo encontrará…

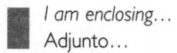

*I am enclosing…*
Adjunto…

## Mensajes de error habituales en el correo electrónico

Como ya se ha comentado anteriormente, el correo electrónico es un sistema fiable ya que los mensajes rara vez se pierden. Si estos no llegan a su destinatario, son devueltos al remitente con un mensaje que informa acerca de la posible causa de la incidencia. Algunos de estos errores pueden deberse a un fallo del usuario, por ejemplo una dirección incorrecta o un error tipográfico.

Los mensajes que aparecen con más frecuencia son:

● *User unknown* o *No such local user* (usuario desconocido): el nombre de usuario introducido en la dirección no es correcto.

● *Host unknown* (servidor desconocido): no existe ningún servidor con el nombre especificado en la dirección.

## Elementos y funciones del menú básico

Uno de los elementos más habituales en todos los sistemas es el de *Inbox* («bandeja de entrada»), que es el lugar donde llegan los mensajes y en el que se guardan por orden de llegada.

Una cuenta de correo también suele disponer de funciones como *flagged*, concepto que significa «marcado», procedente del término *flag* (bandera), o *starred*, que tiene el mismo significado y deriva de *star* (estrella). Ambos términos hacen referencia a los mensajes que se han marcado como «importantes» o «destacados». Ciertas cuentas de correo electrónico han adoptado algunas de las clasificaciones más empleadas y las han añadido a las funciones básicas del menú para facilitar la ordenación y la categorización de los mensajes. Por lo tanto, se pueden encontrar bandejas llamadas *Important* (importante) o *Personal* (personal).

Otra función de gran importancia es la designada por la expresión *Sent Mail* («correo enviado»), apartado donde se almacenan todos los mensajes que se han enviado. Esta función resulta muy práctica debido a que nos permite consultar las comunicaciones que se han mantenido en el pasado. Además del texto, se puede revisar otra información de gran utilidad, como la fecha, la hora, los destinatarios o la cantidad de mensajes enviados de un mismo asunto.

La función «borradores» es el espacio donde se guardan aquellos mensajes que se están redactando o ya están escritos pero que no han sido enviados. Muy frecuentemente se encuentra bajo el nombre de *draft* o *drafts* (borrador, borradores). Si un mensaje ha estado abierto bastante tiempo mientras se escribía, pasará a guardarse como «borrador» automáticamente.

Sin duda, uno de los conceptos más en boga y conocidos es el de *spam*, voz inglesa que designa todos aquellos mensajes no deseados y que llegan a la cuenta sin que nosotros los hayamos requerido. La palabra *spam* también es conocida en castellano como «correo basura».

Los mensajes no deseados o que borramos se almacenan por un periodo determinado en la carpeta «papelera», que también puede denominarse «basura». Este término proviene de la palabra en inglés que da nombre a esta función: *trash* (basura) o *bin* (cubo de la basura).

Para iniciar la redacción del correo electrónico se deberá presionar sobre la sección *Compose mail* («Redactar»). Una vez abierto el mensaje en blanco, listo para ser redactado, se encontrarán algunos de los elementos del correo que se han comentado anteriormente: dirección, asunto...

## Vocabulario: correo electrónico

| | |
|---|---|
| abbreviate | abreviar |
| acknowledgement | reconocimiento |
| add | añadir |
| all the best | ¡que te vaya bien! |
| audio file | archivo de audio |
| backup | copia de seguridad |
| boring | aburrido |
| cast your mind back | rememora |
| choice | elección |
| clue | pista |
| considered | considerado |
| content | contenido |
| creep | desagradable |
| database | base de datos |
| despite | a pesar de |
| discuss | discutir |
| dislike | no gustar |
| dull | aburrido, sin brillo    borius |
| easygoing | de trato fácil |
| enquiry | pregunta |
| expect | esperar |
| group mail | grupo de correo |
| harsh | severo |
| heading | encabezamiento |
| in accordance with | conforme a |
| item | artículo |
| keyboard | teclado |
| make sense | tener sentido |
| matter | asunto |
| net | red |
| old-fashioned | anticuado |

| | |
|---|---|
| plain | sencillo |
| pregnant | elocuente |
| to get in touch with | ponerse en contacto con |
| to get rid of | deshacerse de |
| to reject | rechazar |
| to skip | saltarse |
| treadmill | rutina |
| trendy | moderno |
| trust | confiar en |

30
43

# Tono y estilos

## Características del estilo en los correos electrónicos

### Claridad

El lenguaje utilizado en los correos electrónicos ha de ser claro y sencillo. Esto a veces no resulta fácil, ya que los mensajes electrónicos han de exponer bien la información y el motivo del mensaje y, a la vez, hay que tener en cuenta la parcial informalidad de la comunicación electrónica, y la cordialidad y la educación. Se buscará entonces un equilibrio en nuestro estilo para que el mensaje no sea excesivamente pomposo ni demasiado coloquial.

Una buena manera de conseguir la claridad deseada es priorizar al lector y ponerse en la piel del destinatario. Se escribe para alguien, así que no hay que olvidar su conocimiento del lenguaje, su ocupación o su cargo a la hora de dirigirse a esa persona mediante un texto.

Los mensajes no ganan importancia ni se demuestra un mayor dominio del idioma mediante el uso de palabras y estructuras gramaticales complicadas. De esta manera sólo se consigue dar al escrito un estilo confuso y recargado. Un lenguaje directo y claro transmitirá las ideas de manera rápida y fácil.

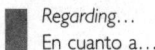
*Regarding…*
En cuanto a…

*At present...*
En la actualidad...

*From now on...*
A partir de ahora...

*If you wish...*
Si desea...

*I hope this...*
Espero que esto...

*I need...*
Necesito...

*If you have any questions...*
Si tienes alguna pregunta...

## Brevedad

Es recomendable ser breve en los escritos enviados por correo electrónico. Al igual que en el caso de la correspondencia tradicional, la brevedad será nuestro aliado a la hora de conseguir un estilo claro. Otro motivo para tener siempre en cuenta la concisión es el volumen de mensajes que puede recibir a diario nuestro destinatario, y el tiempo que debe destinar a leerlos. Es por ello que agradecerá un mensaje directo, claro y que no le suponga mucho tiempo.

Se abordará directamente el asunto que ha llevado a enviar el mensaje. Después de exponerse, se puede añadir otra información de carácter secundario. Esta jerarquización es aun más importante cuando el correo es de cierta extensión, así que se priorizará siempre la información más relevante.

Una manera de conseguir mensajes más concisos es evitar fórmulas como *this is just a short mail to explain you…* (este es sólo un breve mensaje para explicarte…) o *the purpose of this e-mail is…* (el motivo de este *e-mail* es…), y plantear el tema directamente y sin rodeos.

## Fluidez

Frecuentemente el texto de los correos electrónicos carece de fluidez y el lector se encuentra con una serie de ideas expuestas de manera inconexa. Esto dificulta la lectura y la correcta comprensión del mensaje que se quiere transmitir. Un buen texto se lee sin trabas, mientras que uno redactado sin fluidez dificulta la lectura global al no mostrar relación entre las frases.

Es importante utilizar conectores y frases de transición, ya que estas conexiones permiten guiar al destinatario en la lectura de manera fluida y sin que se pierda.

*On the other hand…*
Por otro lado…

*As a result…*
Como resultado…

*Provided that…*
A condición de que…

*For example…*
Por ejemplo…

*In conclusion…*
En conclusión…

*However*
Sin embargo

*Therefore*
Por lo tanto

*Since*
Desde

*While*
Mientras

*Due to…*
Debido a…

*Also*
También

*In spite of…*
A pesar de…

## Cortesía *(netiquette)*

Anteriormente se ha comentado que muchos correos electrónicos, debido a la inmediatez y la temporalidad del medio, carecen
de cortesía y formalidad. Esto hace que se remitan mensajes con
un registro inadecuado: un texto destinado a un decano siempre
ha de tener un carácter formal, no importa el medio por el que se
envíe el mensaje.

Siempre se han de aplicar unas normas básicas de cortesía. El
correo electrónico es un fenómeno relativamente nuevo, y apenas
existen normas de cortesía establecidas. Poco a poco, a medida

que avanza el uso de Internet y la comunicación en la red, van surgiendo iniciativas para instaurar cierto protocolo y normas. Es la denominada *netiquette* (netiqueta o ciberetiqueta), palabra derivada del término francés *ettiquete* y del inglés *net* (red) o *network*. Algunos aspectos formales que hay tener en cuenta son los siguientes:

● Hay que prestar atención al lenguaje utilizado, evitar siempre los errores ortográficos y vigilar la puntuación.

● Se debe tener en cuenta el destinatario del mensaje y el grado de familiaridad con él.

● Si no se conoce al destinatario, hay que evitar abreviaturas y acrónimos, como *BTW* por *by the way* (por cierto), *ur* por *you are* (tú eres/estás) o *2MORO* por *tomorrow* (mañana).

● No se debe olvidar el tratamiento adecuado para el destinatario, como *Mr.* o *Mrs.*

● No hay que escribir palabras en mayúsculas, ya que es el equivalente en la comunicación por Internet a gritar o estar enfadado.

● No se debe abusar de los *smileys* (hay que utilizarlos únicamente con personas de trato cordial).

● Hay que escribir el nombre y los apellidos completos al final del mensaje.

● Se debe hacer una buena y concisa descripción del motivo del mensaje en el campo «Asunto».

● Los correos electrónicos son nuestra imagen y nos representan.

## Vocabulario: acrónimos habituales en el correo electrónico

| | |
|---|---|
| *AAMOF: as a matter of fact* | de hecho |
| *AFAIK: a far as I know* | que yo sepa |
| *BTW: by the way* | por cierto |
| *CMIIW: correct me if I'm wrong* | corrígeme si me equivoco |
| *FOAF: friend of a friend* | amigo de un amigo |
| *FYI: for your information* | para tu información |
| *IAC: in any case* | en cualquier caso |
| *IKWUM: I know what you mean* | sé lo que quieres decir |
| *IMHO: in my humble opinion* | en mi humilde opinión |
| *IOW: in other words* | en otras palabras |
| *ITYS: I told you so* | te lo dije |
| *JK: just kiding* | es broma |
| *LOL: laughing out loud* | riendo en voz alta |
| *NLT: no later than* | a más tardar |
| *TIA: thanks in advance* | gracias por adelantado |
| *TNX: thanks* | gracias |
| *WRT: with regards to* | recuerdos a |

# Estructura del correo electrónico

## Encabezamiento

El tratamiento que se utilizará dependerá del grado de formalidad del correo electrónico y del de familiaridad que se tenga con el destinatario. Los tratamientos más utilizados son los siguientes.

*Dear Madam,*
Querida señora:

*Dear Sir,*
Querido señor:

*Dear Mr....,*
Querido señor...:

*Dear Mrs....,*
Querida señora...:

*To whom it may concern*
A quien le pudiera interesar

*Dear...,*
Querido...:

# Inicio y motivo del mensaje

Se ha comentado anteriormente la importancia de la brevedad y la concisión en los correos electrónicos, y que es preferible abordar el tema que nos lleva a escribir de manera directa y sin grandes preámbulos. Pero cabe matizar que, en algunos casos, es bueno contextualizar el mensaje, especialmente cuando es la primera vez que uno se dirige al destinatario o cuando se está respondiendo otro mensaje. Esta contextualización se debe hacer al inicio del mensaje.

*Thank you for your e-mail*
Gracias por su correo

*Thank you for sending an e-mail last week*
Gracias por enviar el correo la semana pasada

*Thank for your prompt reply*
Gracias por su pronta respuesta

*Please may I introduce myself…*
Por favor, permita que me presente…

*I'm a friend of…*
Soy amigo de…

Una vez se han agradecido comunicaciones anteriores, se han hecho las presentaciones y se ha contextualizado el mensaje, se puede explicar el motivo del correo electrónico.

*I'm writting to confirm…*
Le escribo para confirmar…

*I'm writing to tell you…*
Le escribo para comunicarle…

*In reference…*
En referencia a…

*I would appreciate your help in this matter*
Agradecería su ayuda en este punto

*Could you look into this?*
¿Podrías mirarte esto?

# Final del correo

Cuando ya se ha expuesto el contenido general del correo electrónico, hay que cerrarlo. Para ello se pueden utilizar una serie de fórmulas con mayor o menor formalidad.

*Yours sincerely*
Atentamente

*Yours faithfully*
Atentamente

*Best regards*
Saludos cordiales

*Regards*
Cordialmente

*Thank you for your help*
Gracias por su ayuda

*Best wishes*
Con mis mejores deseos

## En caso de necesitar una respuesta

Frecuentemente se desea que el correo electrónico sea contestado por el destinatario. En tal caso, se puede explicitar dicha voluntad en el contenido del mensaje, justo antes de finalizarlo.

*I await a response at you earliest convenience*
Espero una pronta respuesta

*Just let me know if you have any questions*
Hágame saber si tiene alguna pregunta

*Look forward to hearing from you*
Espero saber de usted

*Please do not hesitate to contact me if…*
Por favor, no dude en contactar conmigo si…

Cuando no se han tenido noticias del destinatario y se quiere insistir en recibir una respuesta, se enviará un correo electrónico con el objeto de alertar al destinatario de la necesidad de contestarnos. Siempre se debe indicar la fecha exacta del correo al que se hace referencia.

*In reference to my e-mail of…*
En referencia a mi correo del…

*Just wondered if you got my e-mail of…*
Sólo me preguntaba si recibió mi correo del…

*Could you drop me a line about my last e-mail [date]?*
¿Podría escribirme unas líneas acerca de mi último correo [fecha]?

## Vocabulario: *smileys* y su significado

| | | |
|---|---|---|
| :-) | *joking, happy* | bromeando, contento |
| :-D | *very happy* | muy contento |
| :-( | *sad, unhappy* | triste, descontento |
| :-o | *surprised, shocked* | sorprendido, sacudido |
| ;-( | *close to tears* | a punto de llorar |
| :'( | *crying* | llorando |
| :-@ | *screaming* | gritando |
| ;-) | *winking* | guiñando el ojo (ligero sarcasmo) |
| :-< | *very upset* | muy preocupado |
| :-/ | *perplexed* | perplejo |
| :-\ | *undecided* | indeciso |
| :-O | *yelling* | chillando |
| :-* | *kissing, drunk* | besando, borracho |
| X-( | *brain dead* | encefalograma plano |
| O:-) | *angelic* | angelical |
| :-# | *my lips are sealed* | mis labios están sellados |
| :-s | *worried* | preocupado |
| <:o) | *let's have a party* | vamos a hacer una fiesta |

# Revisión y mejora del mensaje

Cuando ya se tenga todo el correo electrónico redactado, no hay que apresurarse a enviarlo inmediatamente. Aún queda una última tarea por realizar y esta es de gran importancia. Se trata de revisar el mensaje. La revisión del texto evitará errores de tecleo y gramaticales, e ideas mal expresadas que fácilmente pueden haber pasado desapercibidos mientras se redactaba. La lectura y la rescritura son fundamentales a la hora de remitir un texto.

Vale la pena dedicarle un poco más de tiempo al mensaje, especialmente cuando este es de carácter formal. Una vez se haya hecho clic en «Enviar» ya no se podrá detener el correo para solventar los errores que puedan quedar.

En este capítulo se verán algunas recomendaciones que pueden mejorar un correo electrónico.

## Palabras innecesarias

El hecho de releer y revisar el mensaje no necesariamente significa añadir más palabras o conceptos; a menudo se trata de todo lo contrario. Hay que eliminar los términos que sean totalmente innecesarios y que entorpezcan la lectura o dificulten la comprensión y la concisión del correo.

Se han de evitar aquellas frases prefabricadas y cuyo significado pueda expresarse en una sola palabra; por ejemplo, las frases adverbiales que finalizan en *manner* (manera), *fashion* (modo) y *way* (manera, forma), o las expresiones que contengan la fórmula *the fact that* (el hecho de que). También hay que huir de los falsos sujetos, como aquellos que se encuentran en algunas oraciones que empiezan con *it is* (es) o *there is* (hay). En estos ejemplos aparecen a la izquierda las expresiones que hay que evitar, y a la derecha, las que son más recomendables.

| | |
|---|---|
| *Given the fact that I am your friend...* | *I am your friend...* |
| Dado el hecho de que soy tu amigo... | Soy tu amigo... |
| | |
| *They were screaming in an angry way* | *They were screaming angrily* |
| Estaban gritando de manera furiosa | Estaban gritando furiosamente |
| | |
| *It is my opinion that...* | *My opinion is...* |
| Es mi opinión que... | Mi opinión es... |

## Redundancia

El lenguaje oral suele estar lleno de redundancias y se tiende a trasladarlas a la expresión escrita. La revisión del mensaje debe prestar atención a estas redundancias y no repetir significados obvios.

*In the month of december...*
En el mes de diciembre...

*Cooperate together*
Cooperar juntos

*In my opinion, I think that...*
En mi opinión, creo que...

*I have I friend of mine...*
Tengo un amigo mío...

*Proposed plan*
Plan propuesto

*Personal opinion*
Opinión personal

*Sorrounded on all sides*
Rodeado por todas partes

## Doble negación

La doble negación es la aparición de dos negaciones en una misma oración; es muy habitual en idiomas como el castellano, pero no en inglés. El significado de la doble negación puede resultar confuso incluso para los angloparlantes. Por este motivo se intentará no emplearla. Si se quiere utilizar la doble negación, se recurrirá a *not un-*.

*His cousin was not unfriendly*
Su primo no era antipático

*His cousin was friendly* (preferible)
Su primo era simpático

### Vocabulario: términos de edición y corrección

| | |
|---|---|
| *append* | agregar |
| *asterisk* | asterisco |
| *bold type* | negrita |
| *brackets* | paréntesis |
| *brevity* | brevedad |

| | |
|---|---|
| *capital* | mayúscula |
| *check* | comprobar |
| *compose* | redactar |
| *compress* | comprimir |
| *concise* | conciso |
| *copy* | copia, ejemplar |
| *cut and paste* | cortar y pegar |
| *dash* | raya |
| *delete* | suprimir |
| *enhancement* | mejora |
| *exclamation mark* | signo de exclamación |
| *figure* | cifra, número |
| *font* | fuente |
| *forward* | enviar |
| *fraction* | fracción |
| *guideline* | pauta |
| *hyphen* | guión |
| *inverted commas* | comillas |
| *italics* | cursiva |
| *jargon* | jerga |
| *layout* | diseño |
| *lenght* | extensión |
| *lower case* | caja baja |
| *mark* | nota |
| *misspelling* | falta de ortografía |
| *noun* | sustantivo |
| *paragraph* | párrafo |
| *pattern* | patrón |
| *phrase* | frase |
| *polish* | perfeccionar |
| *punctuation* | puntuación |
| *punctuation mark* | signo de puntuación |
| *question mark* | signo de interrogación |

| | |
|---|---|
| *quotation marks* | comillas |
| *quote* | citar |
| *redundancy* | redundancia |
| *remark* | comentario, observación |
| *reply* | responder |
| *revise* | corregir |
| *semi-colon* | punto y coma |
| *spell* | deletrear |
| *squiggle* | garabato |
| *syntax* | sintaxis |
| *to edit* | editar |
| *topic* | tema |
| *underline* | subrayar |
| *underscore* | subrayado |
| *upper case* | caja alta |

# ANEXOS:
# EJEMPLOS DE CARTAS
# Y
# CORREOS ELECTRÓNICOS

# Ejemplo de carta (agradecimiento)

César & María Laborda
243 Down Street
Idaho Falls, Idaho

September 4, 2004

Mr. Richard Lewis
State College
Lwiston, Idaho

Dear Mr. Lewis,

My wife and I would like to thank you for the highly esteemed help you have rendered to our daughter María during her first year of attendance at your collage.

It has been very positive for her to find somebody who understands how difficult it is to adapt oneself to a foreign country and to another education system.

We hope to have the opportunity to see you again next course.

Yours sincerely,

César Laborda

César & María Laborda
243 Down Street
Idaho Falls, Idaho

4 de septiembre de 2004

Sr. Richard Lewis
State College
Lwiston, Idaho

Muy señor nuestro:

Mi mujer y yo queremos agradecerle la valiosa ayuda que le ha prestado a nuestra hija María en el primer año de asistencia a su colegio.

Ha sido muy positivo para ella encontrar a alguien que comprendiera lo difícil que es adaptarse a un país extranjero y a un sistema distinto de enseñanza.

Esperamos tener la ocasión de verle el próximo curso.

Atentamente,

César Laborda

# Ejemplo de carta (invitación)

Carlos Dalmases
801 Oak Tree Rd.
Beverley Hills, CA 80010

August 8, 2004

Mr. & Mrs. Cartright
233 High Hills Street
Los Angeles, CA 6940

Dear Mr.&Mrs. Cartright,

My wife and I would very much like you to come to supper on Wednesday, October 3rd. at 8.30 p.m.

We organize the supper in honor of very close friends who have just arrived from Spain and will remain in Los Angeles for a year, and so we would very much like to introduce them to our group of friends.

We hope to have the pleasure to count on your presence.

Kindest regards,

Carlos Dalmases

Carlos Dalmases
801 Oak Tree Rd.
Beverley Hills, CA 80010

8 de agosto de 2004

Sr. y Sra. Cartright
233 High Hills Street
Los Ángeles, CA 6940

Queridos señores Cartright:

Sería un gran placer para mí y mi mujer si vinieran Vds. a cenar el miércoles 3 de octubre a las 20.30 h.

Organizamos la cena en honor de unos íntimos amigos que acaban de llegar de España y que permanecerán en Los Ángeles durante un año, por lo que nos gustaría mucho presentarlos a nuestro grupo de amistades.

Esperamos tener el placer de contar con su grata presencia.

Les enviamos un cordial saludo.

Carlos Dalmases

# Ejemplo de carta
# (respuesta a una invitación)

David & Victoria Cartright
233 High Hills Street
Los Angeles, CA 6940

August 15, 2004

Mr. & Mrs. Dalmases
801 Oak Tree Rd.
Beverley Hills, CA 80010

Dear Mr.&Mrs. Dalmases,

Thank you very much for your kind invitation to supper on Wednesday, October 3rd.

We will be delighted to come and meet your friends from Spain.

Kind regards,

David & Victoria Cartright

David & Victoria Cartright
233 High Hills Street
Los Ángeles, CA 6940

15 de agosto de 2004

Sr. y Sra. Dalmases
801 Oak Tree Rd.
Beverley Hills, CA 80010

Queridos señores Dalmases:

Muchas gracias por su amable invitación para la cena del miércoles 3 de octubre.

Estaremos encantados de asistir y conocer a sus amigos de España.

Un cordial saludo.

David & Victoria Cartright

# Ejemplo de carta (pésame)

Mariano Crespo
123 Circle Square
New Orleans, Louisiana

September 15, 2010

Mr. Robert Waune
420 Short Way
New Orleans, Louisiana

Dear Robert,

I've got to know the sad news about your wife's decease.

I know there are no words to confort you from such an enmendable loss, however, I wish to tell you I join your sorrow.

If there is anything I may do for you, do not hesitate to contact me.

Yours,

Mariano

Mariano Crespo
123 Circle Square
Nueva Orleans, Luisiana

15 de septiembre de 2010

Sr. Robert Waune
420 Short Way
Nueva Orleans, Luisiana

Querido Robert:

Ha llegado hasta mí la triste noticia del fallecimiento de tu esposa.

Sé que no hay palabras para consolarte de tan irreparable pérdida; sin embargo, quiero decirte que me uno a tu dolor.

Si puedo ayudarte en algo no dudes en comunicármelo.

Un fuerte abrazo.

Mariano

# Ejemplo de carta (condolencias por un accidente)

Sara Villar
2 Fort Wayne Street
Indianapolis, Indiana

March 12, 2011

Miss Dorothy Ross
Central Hospital
23 Salomon Street
Indianapolis, Indiana

Dear Ross,

I was grieved to hear of your son's tragic accident We can imagine the moments of anguish you must be going through, wondering about the outcome of the operation. Keep calm and hopeful because these cases usually have a happy end.

I wish I could help you. Don't hesitate to call me at home or at the office if I can be of help. I will go inmediatly. I hope to see David running again.

Yours sincerely,

Sara

Sara Villar
2 Fort Wayne Street
Indianápolis, Indiana

12 de marzo de 2011

Señorita Dorothy Ross
Central Hospital
23 Salomon Street
Indianápolis, Indiana

Querida Ross:

Me ha dolido saber del trágico accidente de tu hijo. Imaginamos por los momentos de angustia que estáis atravesando mientras pensáis en el desenlace de la operación. Mantén la calma y la esperanza porque normalmente estos casos tienen un final feliz.

Me gustaría poder ayudar. No dudes en llamarme a casa o a la oficina si puedo ser de ayuda. Iré inmediatamente. Espero poder ver a David corriendo otra vez.

Sinceramente,

Sara

# Ejemplo de carta (queja)

Carlota Pérez
99W. 4th. Street
New York, New York 10089

August 22, 2004

International Book House
617 W. 57th. Street
New York, New York 10089

Dear Sirs,

Last July 20 I bought a collection of books in your shop. Given that you did not dispose of all of them in stock, on payment of the bill, we agreed you would send them to me.

One month has already passed and I have not got any of the books. Being aware of your seriousness, I am very much surprised for having not received any information on this subject or any explanation about the delay.

I beg you to be so kind to write to me to inform me about this affair.

I send you enclosed photocopy of the receipt as payment of your bill.

Yours sincerely,

Carlota Pérez

Carlota Pérez
99W. 4th. Street
Nueva York, Nueva York 10089

22 de agosto de 2004

International Book House
617 W. 57th. Street
Nueva York, Nueva York 10089

Muy señores míos:

El pasado 20 de julio compré una colección de libros en su tienda. Dado que no disponían de todos ellos en *stock*, previo pago, acordamos que Vds. me los enviarían.

Ha transcurrido ya un mes y no he recibido ninguno de los libros encargados. Siendo consciente de su seriedad, me sorprende que no me hayan dado alguna noticia al respecto o una explicación por el retraso.

Les ruego sean tan amables de escribirme para ponerme al corriente del asunto.

Adjunto les remito una fotocopia del recibo del pago de la factura.

Atentamente.

Carlota Pérez

# Ejemplo de carta (reserva de un hotel)

C.K. Williams
16 Goose Parade
Brighton

July 14, 2011

International Tourist Board
5 Oxford Road
Oxford

Dear Sirs,

I am organising a holiday abroad for a group of Spanish young students and would like to book 8 double and 6 single rooms for the period 1st-8th September.

I would be grateful if you could help me arrange accommodation at a reasonable cost. I have already contacted other hotels in Oxford area but they refused a discount despite the block booking.

As most of our party are students and do not have vast financial means, the price per person per night should not exceed 40 pounds.

Thank you in advance for your assistance.

Yours truly,

C.K. Williams

C.K. Williams
16 Goose Parade
Brighton

14 de julio de 2011

International Tourist Board
5 Oxford Road
Oxford

Muy señores míos:

Estoy organizando unas vacaciones en el extranjero para un grupo de jóvenes estudiantes españoles y me gustaría reservar ocho habitaciones dobles y seis individuales para el período del 1 al 8 de septiembre.

Le estaría agradecido si pudiese ayudarme a conseguir el alojamiento a un precio razonable. Ya he contactado con otros hoteles en el área de Oxford pero se han negado a ofrecer descuentos a pesar de ser una reserva en grupo.

Debido a que la mayoría de nuestro grupo son estudiantes y no tienen enormes recursos financieros, el precio por persona y noche no debe sobrepasar las 40 libras.

Muchas gracias de antemano por su ayuda.

Atentamente.

C. K. Williams

# Ejemplo de correo electrónico (petición de un favor a un conocido)

*Robert,*
*I wonder wether you could do something for me? I need one of those strange books you bought in the book shop next to your house. It's for a birthday present. Do you think you could get me one before the weekend?*
*By the way, how are the kids? Maybe we can get together for drink one of these days?*
*Thanks in advance,*
*William*

Robert:
Me pregunto si podrías hacer algo por mí. Necesito uno de esos raros libros que compraste en la librería que hay cerca de tu casa. Es para un regalo de cumpleaños. ¿Crees que podrías conseguírmelo para antes del fin de semana?
Por cierto, ¿cómo están los niños? Igual podríamos quedar un día de estos. Gracias por adelantado,
William

# Ejemplo de correo electrónico (solicitud de visita formal)

Dear Mr. Marlow,
I would very much like to visit your school to see the facilities and to discuss the possibility of enrolling my son in your institution. Could you please suggest some possible dates and recommend a hotel?
Regards,
F. Bloch

Estimado Sr. Marlow:
Me gustaría mucho visitar su escuela para ver las instalaciones y para plantear la posibilidad de matricular a mi hijo en su institución. ¿Podría sugerirme algunas posibles fechas y recomendarme un hotel?
Un cordial saludo,
F. Bloch

# Ejemplo de correo electrónico (notificación e invitación por el nacimiento de un niño)

It gives me immense pleasure to announce that Alice and I are now proud parents of a baby girl born on 25th of November 2010. She was born in Colorado Government hospital at six in the evening and she weighed nine pounds.

We want to share our excitement and happiness with you, so we are organizing a naming ceremony for the baby. The naming ceremony will be held at our residence on 10th of December, 2010.

I would be highly grateful if you could come to the event and help us find a name for the baby.

Regards,

Es para mí un inmenso placer anunciar que Alice y yo somos ahora los orgullosos padres de una niña nacida el 25 de noviembre de 2010. La niña nació en el hospital del Gobierno de Colorado a las seis de la tarde y pesó cuatro kilos.

Queremos compartir nuestra alegría y felicidad contigo, así que estamos organizando una ceremonia para darle un nombre al bebé. Este evento se celebrará en nuestra residencia el 10 de diciembre de 2010.

Estaríamos encantados si pudieses venir a la fiesta y ayudarnos a encontrar el nombre para nuestro bebé.

Saludos cordiales,

# Ejemplo de correo electrónico (respuesta a la notificación y la invitación por el nacimiento de un niño)

*Thank for your mail and heartiest congratulations. I was so glad to hear from you that your child is born. I can imagine how happy would you feel with the experience of having a child.*

*It is a pitty I'm unnable to go to the naming ceremony. I'm going to be in Madrid for a couple of months, but I'll give you a ring when I get back, and arrange a date to visit you and meet your daughter.*

*Meanwhile, all the very best for the future,*

Gracias por tu correo electrónico y mis más sinceras felicitaciones. Me puse muy contento al saber que vuestra hija ya ha nacido. Me imagino qué felices os debéis de sentir con la experiencia de tener un niño.

Es una lástima que no pueda ir a la ceremonia. Voy a estar en Madrid durante un par de meses, pero en cuanto vuelva os llamo y fijamos una fecha para visitaros y conocer a vuestra hija.

Mientras tanto, os deseo todo lo mejor para el futuro,

# Ejemplo de correo electrónico (petición informal)

> Dear Kurt,
> The other day, when we were talking at the bus stop, you mentioned a web page on which celebrities and Hollywood stars detailed theirs secrets. If you don't mind, would you send me the URL for that web page if you still have it?
> Thanks a lot.
> Best regards,
> E.G.

Querido Kurt:

El otro día, cuando estábamos hablando en la parada del autobús, mencionaste una página web donde famosos y estrellas de Hollywood detallaban sus secretos.

Si no te importa, ¿podrías enviarme la dirección de esta web si aún la tienes?

Muchas gracias.

Saludos cordiales,

E. G.

# Ejemplo de correo electrónico (agradecimiento por un regalo)

*Dear Samuel,*
*This mail is just to express our gratitude for the great wedding present you made*
*us. As both of us work and have no time for appropiate cooking, a cooking robot*
*its the best option. Once again, many thanks.*
*I&G*

Querido Samuel:
Escribimos este mail para expresarte nuestra gratitud por el fantástico regalo de boda que nos hiciste. Como los dos trabajamos y no tenemos tiempo para cocinar debidamente, un robot de cocina es la mejor de las opcio-
nes. Una vez más, muchas gracias.
I&G

# Ejemplo de correo electrónico (disculpas)

*Dear Lewis,*
*I must apologize for breaking your window accidentaly last night.*
*I lost my key and I had to climb in. I will, of course, pay for a new one inmediately.*
*Sincerely yours,*
*Dave*

Querido Lewis:
Debo disculparme por haber roto tu ventana accidentalmente la pasada noche.
Perdí mi llave y tuve que escalar hasta mi casa. Naturalmente, pagaré una nueva inmediatamente.
Atentamente,
Dave

LOXLEY. cyclus club.